O QUE VOCÊ VAI ENCONTRAR NESSE LIVRO

VOCÊS SÃO PESSOAS DIFERENTES

TRABALHO NÃO É A MESMA COISA PARA VOCÊS

PORQUE É DIFÍCIL ESCOLHER

NOSSA RELAÇÃO COM O DINHEIRO

NOSSAS IDEIAS SOBRE SUCESSO

COMO DESCOBRIR HABILIDADES E GOSTOS

CRITÉRIOS DE ESCOLHA

NÃO EXISTEM PROFISSÕES PIORES OU MELHORES

FALANDO SOBRE AS ESCOLHAS DOS AMIGOS

A INFLUÊNCIA DOS PROFESSORES

PLANEJAMENTO PROFISSIONAL

PODER MUDAR DE ESCOLHA

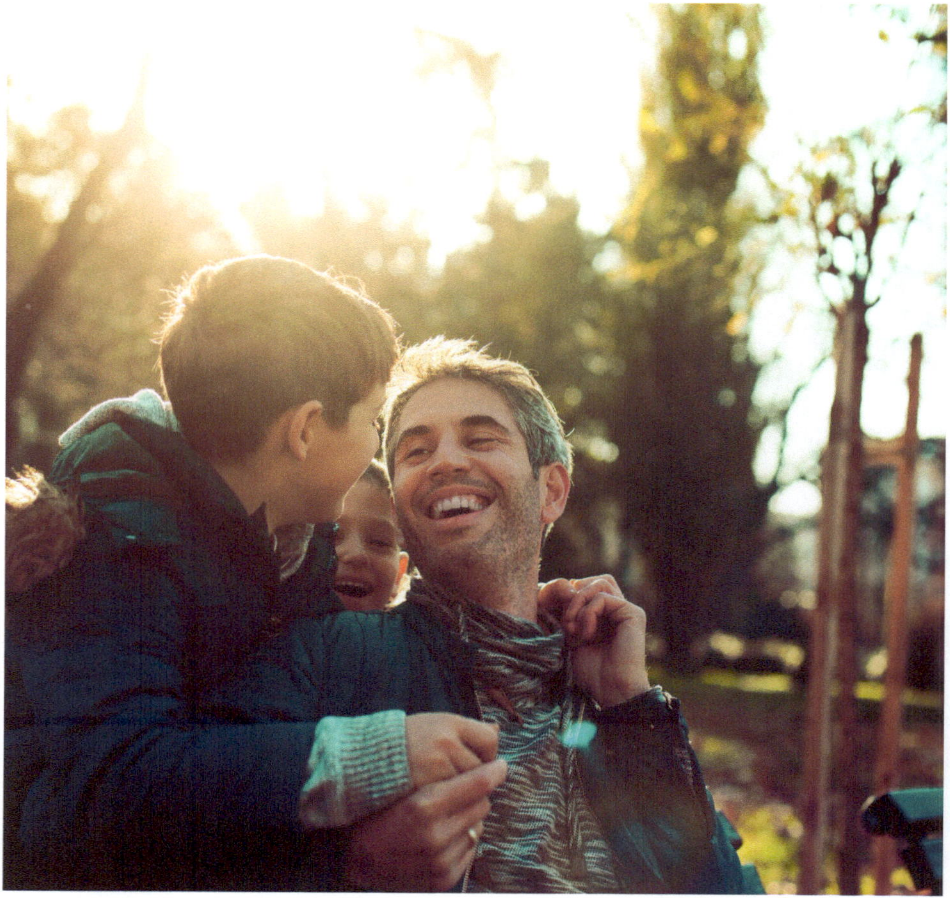

VOCÊS SÃO PESSOAS DIFERENTES

Com tudo o que você viveu até aqui, é provável que você tenha **experiências marcantes e grandes aprendizados...** É claro, tudo o que acontece na nossa vida faz a gente ser quem nós somos! Mas por quê começar falando sobre isso? Porque vamos falar sobre expectativas e até sobre ideias contraditórias, e pra isso ser feito da melhor maneira precisamos deixar clara a ideia de que hoje você tem opiniões que só foram formadas por causa da sua história específica!

É provável que hoje você tenha filhos, ou então está interessado no tema, e aqui nós podemos pensar em um grande faixa etária pra esses filhos... Talvez eles tenham entre seus 12 a 28 anos, mas o mais importante não é a idade, e sim o fato de que o seu filho (ou sua filha) não viveu todos os momentos que você viveu. Inclusive, ele até teve algumas experiências que você não teve, e isso é completamente normal. Mesmo que ele tivesse exatamente a sua idade, vocês seriam pessoas diferentes, **com experiências e, consequentemente, com crenças diferentes.**

Quando falamos em crenças, estamos nos referindo a todo tipo de pensamento, principalmente aos pensamentos profissionais... sejam eles bons ou ruins. Se você ainda não tinha se dado conta disso, essa é a hora: **você e seu filho não entendem o que é trabalho da mesma forma.** Apesar de que a visão de vocês pode ser parecida, podemos afirmar com certeza de que ela não é exatamente a mesma. E isso faz TODA A DIFERENÇA no que vamos discutir aqui! Saber que o seu filho é uma pessoa diferente de você, e que ele pensa coisas sobre trabalho que talvez você não saiba e vice-e-versa é o primeiríssimo passo pra vocês começarem a ter boas conversas sobre escolhas profissionais.

Ah, e aqui precisamos bater o martelo em outra coisa: vamos partir do pressuposto de que não tem certo e errado, ok? Não precisamos ficar pensando se é você que tem razão na sua forma de pensar, ou se é o seu filho que está certo. Pra falarmos sobre qualquer tipo de escolha, o que mais importa não é aquelas brigas sobre quem tem razão, e sim uma reflexão cuidadosa sobre os motivos de cada um pra acreditar no que acredita.

Vamos fazer o combinado de continuar assim, então?

Nº1
A sua história te faz ser
quem você é hoje

Nº2
Você e seu filho são pessoas diferentes

Nº3
Não deve haver uma briga
sobre quem tem razão

Nº4
É preciso refletir sobre
os motivos de cada um

Certo, agora estamos combinados! Ahhh, até parece que é simples assim!

Pode parecer fácil ler tudo o que está escrito até aqui e concordar com coisas assim, mas você precisa começar a pensar que na prática não é tão simples . Imagina só aquelas discussões acaloradas que algumas vezes você tem com os seus filhos e tente só imaginar como seria difícil se lembrar desses quatro combinados enquanto a sua mente está girando com vários pensamentos confusos, amarrados, exaltados, acelerados, apertados, angustiados! Não é tão simples quanto fica parecendo num primeiro momento. **É trabalhoso e exige prática.**

Mas pelo que estamos começando a conhecer de você, esse parece ser um trabalho que você está afim de enfrentar. E, apesar de ser difícil, podemos te garantir: ele contribui para que você construa uma **relação de qualidade, de cuidado e de muita sensibilidade com os seus filhos.** Por isso, seja forte! Nós estamos caminhando com você e vamos continuar, em todos os passos dessa jornada!

Agora, que tal **copiar aqueles quatro combinados em algum lugar que você tenha fácil acesso** *(como num post it pra colar no seu computador)* pra ir repetindo esse mantra enquanto aguarda o nosso próximo ebook? Pode confiar que esses quatro combinados já vão fazer uma diferença ENORME na sua vida e no relacionamento com seus filhos!

Um abraço carinhoso, e até a próxima!

Equipe Viae

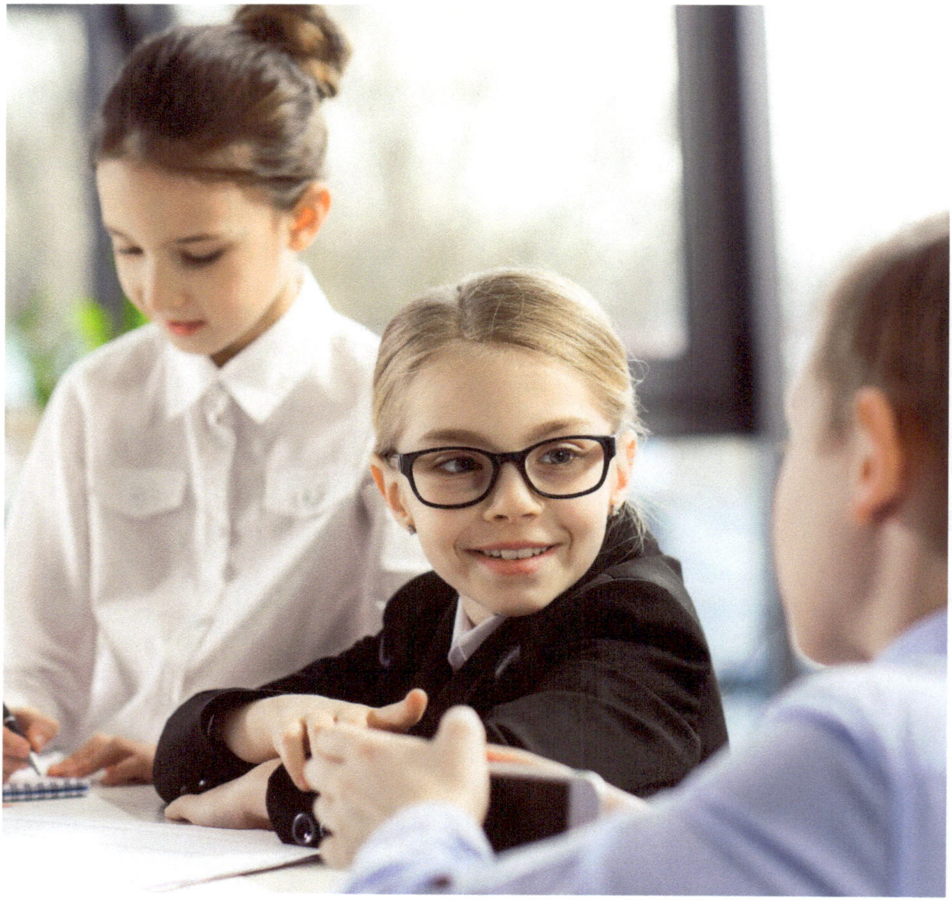

TRABALHO NÃO É A MESMA COISA PARA VOCÊS

Hoje não precisamos mais trabalhar só para sobreviver, como era antigamente. Atualmente trabalhamos por vários motivos, e um deles é até o prazer de fazermos algo útil. Já falamos que você e seu filho têm definições diferentes sobre o que é trabalho. Talvez você ainda não tenha conseguido perceber isso na prática, mas vale começar a observar isso no dia-a-dia de vocês.

Quando trabalhávamos em cursinhos pré-vestibulares, costumávamos fazer o exercício contrário, de perguntar para os jovens: "O que significa trabalho para os pais de vocês?". Alguns respondiam: "Ah, é a forma de ganhar dinheiro" ou então: "É o que eles fazem pra ocupar o tempo, já que não estudam mais". E aí perguntávamos se eles concordavam com essa ideia, se o trabalho também significa isso pra eles. Havia aqueles que concordam com os pais, e por isso nós perguntávamos: "Mas por que é importante para seus pais ganharem dinheiro?". "Pra pagar as contas, pra sustentar a nossa casa". "E vocês? Vão precisar do dinheiro pra quê?". "Pra viajar, pra bancar alguns sonhos que eu tenho, pra curtir a vida".

Nós poderíamos ir afunilando as perguntas: "Tá bom, mas o que é sonho pra você e pros seus pais? Como você curte a vida e como eles curtem?". Não importa. Em algum momento a diferença aparecia. A diferença que certamente existe entre pessoas que são diferentes. O que queremos mostrar com isso é que, mesmo que **pareça** que o trabalho vai ter o mesmo objetivo na sua vida e na vida dos seus filhos, vocês vão acabar dando significados diferentes pra ele e pros resultados que ele traz. Todas as pessoas, mesmo sendo da mesma geração, dão um significado diferente pro trabalho, e esse significado ainda pode ir mudando ao longo do tempo, com as experiências que vamos tendo. Por exemplo, alguém com filhos começa a ver outro sentido no trabalho depois que os filhos chegam, afinal, surgem novas responsabilidades e desejos.

Se você já estiver curioso o suficiente querendo descobrir quais são as diferenças entre o que você entende como trabalho e o que o seu filho entende como trabalho, já podemos pegar caneta e começar o primeiro exercício, que é entender melhor o que **trabalhar significa pra você**. Algumas perguntas pra responder:

1. Você gosta de trabalhar?

2. Se você pudesse escolher entre trabalhar e não trabalhar, o que você escolheria?

3. Você sente saudade do trabalho quando está de folga ou de férias?

4. Qual é a coisa mais importante que o trabalho te proporciona?

5. Se você não trabalhasse mais, do que sentiria mais falta?

6. O que você não gosta no seu trabalho?

7. Se pudesse mudar algo no seu trabalho, o que seria?

8. Quando você era criança ou jovem, como você imaginava que seria o seu trabalho?

Depois de responder a essas perguntas, você pode olhar para suas respostas e pensar se estas também seriam as respostas dos seus filhos. Muito provavelmente não. É claro, ele é mais jovem que você, mas também tem expectativas, necessidades e desejos diferentes dos seus. Que tal aproveitar um dia de sossego com seu filho, talvez durante uma viagem de carro, ou em um final de semana livre em que vocês podem conversar e fazer algumas perguntas pra ele (ou ela)? De leve... Não precisa ser um interrogatório. O importante é que você inicie a conversa com curiosidade genuína, querendo mesmo saber as respostas que o seu filho vai dar. Você pode começar perguntando:

1. Como você imagina que vai ser o seu trabalho?

2. O que você acha que é a coisa mais legal de quando vamos trabalhar?

3. O que você pensa que vai ser meio chato no trabalho?

4. O que você mais deseja que

o trabalho traga pra sua vida?

Se ele não souber responder alguma das perguntas, é importante que você o tranquilize, explicando que isso é normal, que tem coisas que só descobrimos com o tempo e que não tem problema não ter pensado nisso antes. Se ele topar, você pode até ajudá-lo a elaborar uma resposta, com calma e delicadeza.

Lembre-se que a visão que o seu filho tem do trabalho vem das observações que ele faz de você, mas também de outros familiares, do que a mídia tem circulado, do que os jovens têm consumido, do que a cultura tem entregado pra ele nesse momento. Por isso, vale a pena olhar com mais atenção para as tendências da atualidade pra entender como elas têm afetado as expectativas dos seus filhos. Vale a pena, inclusive, conversar disso com ele, e você pode começar falando sobre o que ele está discutindo nas aulas da escola, ou sobre um filme que ele viu, ou sobre uma música que tem passado em todo lugar, ou quem sabe sobre uma série que todo mundo está comentando. Não adianta ficar com a cabeça presa no mundo que você conhecia quando era jovem. O mundo está mudando o tempo todo, e isso faz toda a diferença na ideia que vamos formando sobre o que significa trabalhar.

Quando você consegue mostrar para o seu filho que você está interessado na visão de mundo dele, as conversas começam a acontecer mais naturalmente e você começa a ganhar um parceiro pra falar sobre as coisas da vida.

Esperamos que aproveite esses exercícios! Nos falamos no próximo capítulo.

Equipe Viae

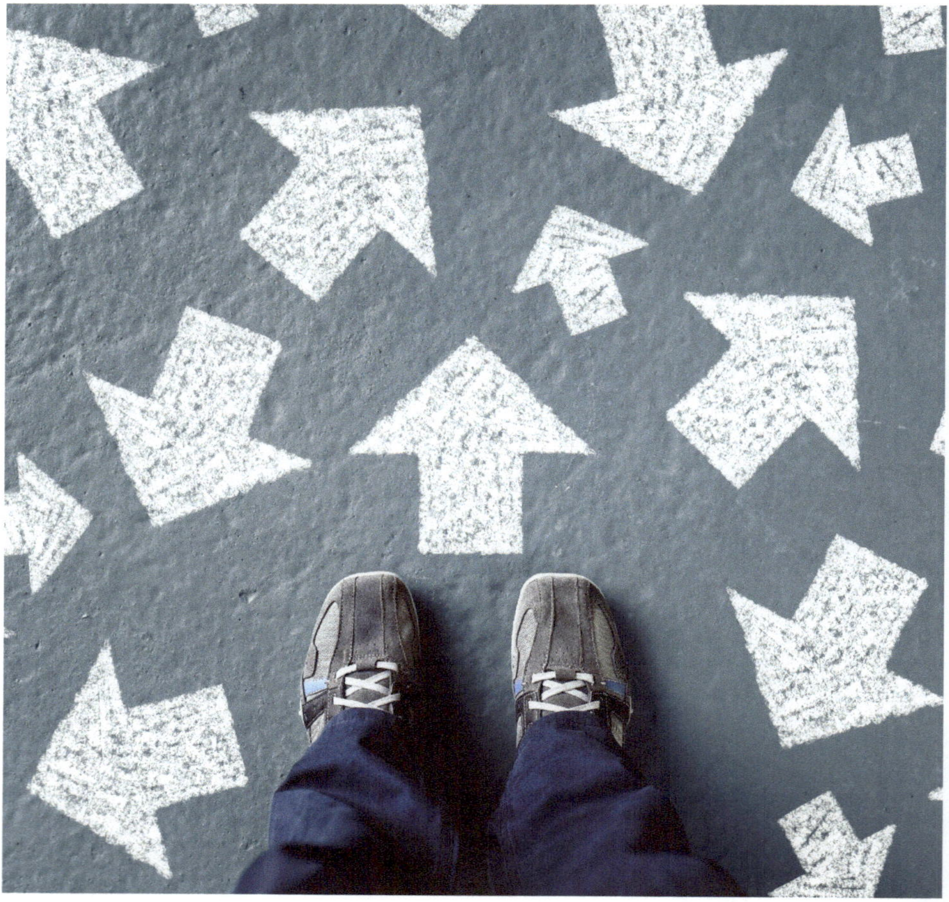

PORQUE É DIFÍCIL ESCOLHER

Já entendemos que você e seus filhos são pessoas diferentes, certo? E que por isso têm expectativas diferentes com o trabalho, certo? Mas há uma coisa que provavelmente vocês têm em comum: o medo de escolher errado. E isso pode ser traduzido em: o medo de fazer uma escolha que vai trazer infelicidade.

Bom, é claro que todo mundo quer acertar nas escolhas que faz. E principalmente quando estamos falando do contexto profissional, estamos lidando com um terreno muito, muito, muito incerto, que é o do futuro. Então já dá para tomar nota de mais um fato: todo mundo (inclusive seus filhos) tem medo de fazer escolhas profissionais, porque ninguém tem garantias de como será o futuro.

Aqui no Instituto Viae nós costumamos listar alguns outros motivos que também dificultam as escolhas profissionais, principalmente quando somos mais jovens, e nós acreditamos que compartilhar esses motivos ajuda todo mundo a se entender melhor e a entender porque ficamos tão angustiados com esse assunto. Então chegou a hora de compartilhar com você o que já observamos nos nossos anos de prática com jovens. Talvez você não identifique todos os motivos na situação atual dos seus filhos, mas vale a pena ficar alerta com cada uma dessas causas.

1) Podemos ter dificuldade de fazer uma escolha porque não estamos acostumados com isso

É o caso das pessoas jovens que ainda não tomaram muitas decisões na vida, ou que foram privadas de fazer escolhas porque sempre tiverem à mão alguém que escolhesse por eles ou lhes dissesse por onde ir. Muitas vezes, não podiam escolher que roupa usar, qual seria o comprimento do seu cabelo, em que turno estudariam. Esses são só alguns exemplos, ok? Pense assim: se você nunca fez uma escolha pra sua vida antes, porque é que estaria seguro pra fazer a primeira? Tudo o que fazemos pelas primeiras vezes é mais difícil mesmo.

2) Podemos ter dificuldade de fazer uma escolha porque não podemos escolher todas as opções

O ser humano odeia perder, e, se pudéssemos, abraçaríamos todas as nossas opções de uma vez só. Então é muito angustiante mesmo pensar que você vai escolher seguir o caminho de uma ou duas profissões e vai perder a chance de desbravar todos os outros caminhos. A sensação, é claro, é de que todas as portas não escolhidas vão se fechar. Mas, falando de profissão, não é bem assim. As portas continuam lá, para o caso de querermos conhecê-las mais à frente na nossa jornada profissional.

3) Podemos ter dificuldade de fazer uma escolha porque achamos que vai ser pro resto da vida

Exatamente como falamos no tópico anterior: a gente imagina que depois que batermos o martelo da nossa escolha, estaremos condenados a seguir aquele caminho para o resto da vida, sem poder olhar para trás, sem poder escolher outra rota. Mas a vida não é assim. Nós podemos sim questionar as escolhas que fizemos lá atrás e, conforme vamos tendo outras experiências, podemos descobrir novos desejos e novos lugares para onde queremos ir. É permitido mudar de ideia a qualquer momento, mesmo que ninguém conte isso pra gente.

4) Podemos ter dificuldade de fazer uma escolha porque não queremos sair da zona de conforto

Sabia que tem gente que enrola pra tomar uma decisão só porque quer continuar na situação de indecisão em que está? Porque muitas vezes, essa é a situação conhecida e, portanto, confortável. Enquanto que decidir dar um passo para alcançar uma profissão vai mudar tudo. Vai mudar a rotina, vai mudar as expectativas e as experiências. E às vezes ainda não estamos nos sentindo prontos para encarar tantas mudanças.

5) Podemos ter dificuldade de fazer uma escolha porque isso exige planejamento e não sabemos nos planejar

Todo caminho profissional precisa de um pequeno planejamento para se desenvolver, se não a pessoa ou fica parada no mesmo lugar ou fica vagando sem saber qual é a direção. Mas não aprendemos nada disso na escola, nem com nossa família ou nossos amigos. Apesar de existirem algumas dicas de como criar esse tipo de planejamento, elas não são divulgadas amplamente e acabam ficando limitadas a poucas pessoas que se consultam com especialistas em carreira. [O Instituto Viae está lutando diariamente para transformar essa realidade, levando informações assim para todas as pessoas possíveis através da Internet.]

6) Podemos ter dificuldade de fazer uma escolha porque duvidamos de que vamos fazer dar certo

Nem que seja lá no fundo, a gente sabe que o caminho que a gente escolher, qualquer que seja ele, vai trazer desafios. E, muitas vezes, a gente tem medo de não ser capaz de enfrentá-los. Aqui tem um pouco de ansiedade, claro, porque, na nossa imaginação, todos os desafios vão vir ao mesmo tempo e quando ainda formos indefesos. Então nem sempre nos damos conta de que, na realidade, eles acontecerão aos poucos, conforme formos nos tornando mais fortes e maduros.

7) Podemos ter dificuldade de fazer uma escolha porque temos medo de não corresponder às expectativas dos outros
Conhecemos muita gente que tem medo de fazer escolhas. Mas, no fundo, essas pessoas têm medo é de escolher errado, de não encontrar a realização, de quebrar as expectativas que foram geradas, de decepcionar os outros e, de, com isso, acabarem sozinhas. Todos nós temos medo de perder o amor das pessoas que são importantes pra gente, então é muito mais fácil quando essas pessoas nos apoiam independente de condições.

Agora que você já conhece as principais causas de dificuldade na tomada de decisão, dá tanto para se autoconhecer e fazer escolhas mais tranquilas quanto você precisar, quanto dá para apoiar as escolhas dos seus filhos, mostrando para eles que é possível lidar com todos esses medos que vão surgindo. Na maioria das vezes, o futuro é muito mais terrível na nossa imaginação (que cria os cenários mais horríveis possíveis) do que na realidade. Existem caminhos para nos prepararmos para o futuro e para irmos nos sentindo, cada dia mais, dispostos para vivê-lo.

Se precisar, conte conosco nessa preparação!

Nos falamos em breve.
Equipe Viae

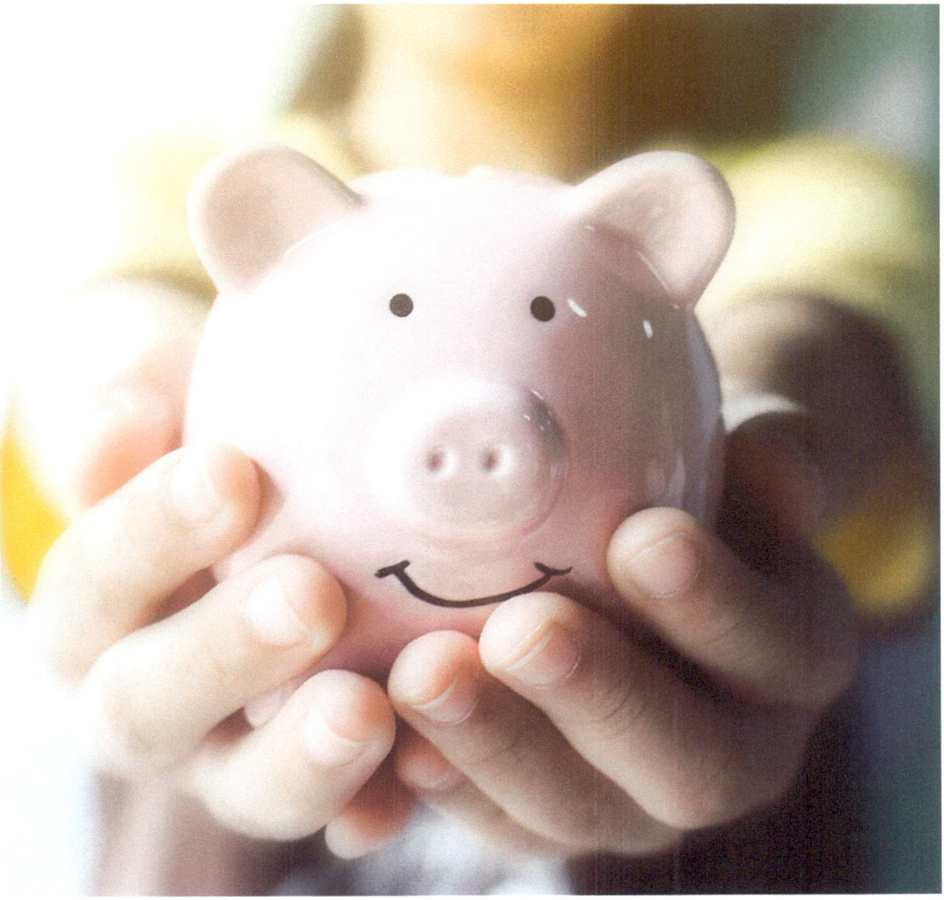

NOSSA RELAÇÃO COM O DINHEIRO

É hora de falar sobre algo polêmico (como se já não estivéssemos falando): dinheiro. O dinheiro é um dos resultados mais conhecidos do trabalho. Existem outros, que falaremos mais a frente, como o sucesso, o status e o reconhecimento, mas talvez o dinheiro seja o mais importante de todos. Não porque ele seja algo que devemos desejar acima de todas as coisas, mas porque muitos de nós têm uma relação muito delicada com o dinheiro.

Dá pra começar pensando qual é a sua própria relação com o dinheiro. Você o ama? Deseja muito ter dinheiro? Ou tem medo do que o dinheiro pode causar? Podemos ter muitos sentimentos em relação ao dinheiro, mas é raro nos sentirmos indiferentes em relação a ele... E entender melhor como você lida com o dinheiro pode te ajudar a entender melhor os seus filhos também, porque é provável que eles tenham aprendido a se relacionar com o dinheiro observando a forma como você faz isso.

E por que é importante discutirmos o relacionamento que temos com o dinheiro? Porque isso se soma a outro problema! Veja a situação... naturalmente nós já temos uma relação complexa com o dinheiro, e, ainda por cima, existe uma sociedade lá fora bombardeando a cabeça do seu filho com relação a isso. Ele com certeza já deve ter ouvido algo como: **"Escolha uma profissão que te permita sobreviver"**, e quanto as pessoas dizem "sobreviver" não é **"sobreviver com satisfação"** ou **"sobreviver com empolgação"**, é no sentido de **"ter dinheiro pra se manter"** mesmo. Então, além do relacionamento complexo, ainda existe uma PRESSÃO MUITO GRANDE para que o seu filho garanta imediatamente bastante dinheiro na vida dele! É difícil lidar com isso quando somos adolescentes.

É claro que ter dinheiro é importante, é graças a ele que podemos acessar bens e experiências na nossa cultura. Mas percebe que o fato de existir PRESSÃO sobre esse assunto faz com ele seja um assunto difícil de lidar? Essa pressão gera preocupações do tipo: **"Minha nossa, se eu não conseguir me manter com a minha profissão, todo mundo vai me ver como um grande fracassado"**. E o medo do fracasso é muito ruim de ser sentido, porque é pesado pra qualquer pessoa.

Pra se livrar um pouco do peso, é importante que o seu filho perceba que não tem problema se ele não quiser corresponder ao que a sociedade exige. Ele precisa perceber que é livre para almejar o que for realmente importante PARA ELE, não para os outros. Você pode apoiá-lo, ajudando-o a diferenciar quais são as ambições realmente dele e o que é somente pressão que ele anda absorvendo da sociedade (família, amigos, escola, mídia). Muitas vezes, os jovens ficam sobrecarregados com essa pressão porque começam a acreditar que têm a obrigação de corresponder a ela, ou serão excluídos socialmente.

É claro que não tem problema seu filho ter grandes ambições, querer ganhar muito dinheiro ou algo assim, mas você também pode ajudá-lo a perceber quais são os outros retornos que ele quer ter profissionalmente. Isso ajuda a minimizar um pouco o peso do dinheiro, e ajuda a ampliar o horizonte pra possibilidades profissionais para as quais ele ainda não estava aberto. Já pensou que ruim seria ele deixar de seguir uma profissão que poderia lhe trazer muita felicidade só porque, aparentemente, ela não parecia muito promissora economicamente?

E aqui precisamos tocar em outro ponto importante. Apesar de algumas profissões serem mais tradicionais e conhecidas, como Medicina, Engenharia e Administração, isso não faz delas as profissões mais rentáveis do mundo. Às vezes nós pensamos que sim, mas é justamente porque são profissões que nós entendemos melhor como funcionam. A verdade é que temos centenas de profissões no país, e profissões novas continuam surgindo todos os dias, sendo algumas delas muito promissoras! Mas o fato de não estarmos por dentro do que fazem esses profissionais nos deixa com um pé atrás em relação a elas.

Quem diria que um dia existiria a profissão de Youtuber ou de jogador profissional de games, e que elas seriam tão rentáveis? E não dá pra perceber isso quando ficamos tão focados na ideia de que "profissão tradicional é que dá dinheiro".

Além disso, precisamos começar a discutir mais que quando o profissional faz o que realmente gosta, ele alcança resultados melhores (e um deles pode ser o dinheiro), porque quando temos um bom relacionamento com a nossa atividade profissional, temos mais motivação para enfrentar os desafios que surgem no caminho, ou seja, somos profissionais mais empenhados. Isso significa que é mais fácil ganhar dinheiro se o seu filho fizer algo que realmente ama do que se ele fizer algo que não dá prazer. Faça o exercício de observar profissionais próximos de você: os que se sentem contentes com o quanto recebem fazem algo que detestam ou algo que adoram?

Sabemos que pensar em tudo isso é incômodo, mas é só se você topar pensar sobre a sua própria relação com o dinheiro que você vai poder contribuir positivamente com as reflexões do seu filho sobre isso. Se você perceber que esse assunto é angustiante pra ele, se ofereça pra conversar a respeito. Não tem problema dizer que você também dificuldade de pensar sobre isso, mas demonstre que vocês podem aprender juntos! Conversar já é um passo que abre várias perspectivas que ainda não tínhamos!

No próximo capítulo vamos continuar essa conversa falando sobre sucesso, então se prepare.

Até lá!
Equipe Viae

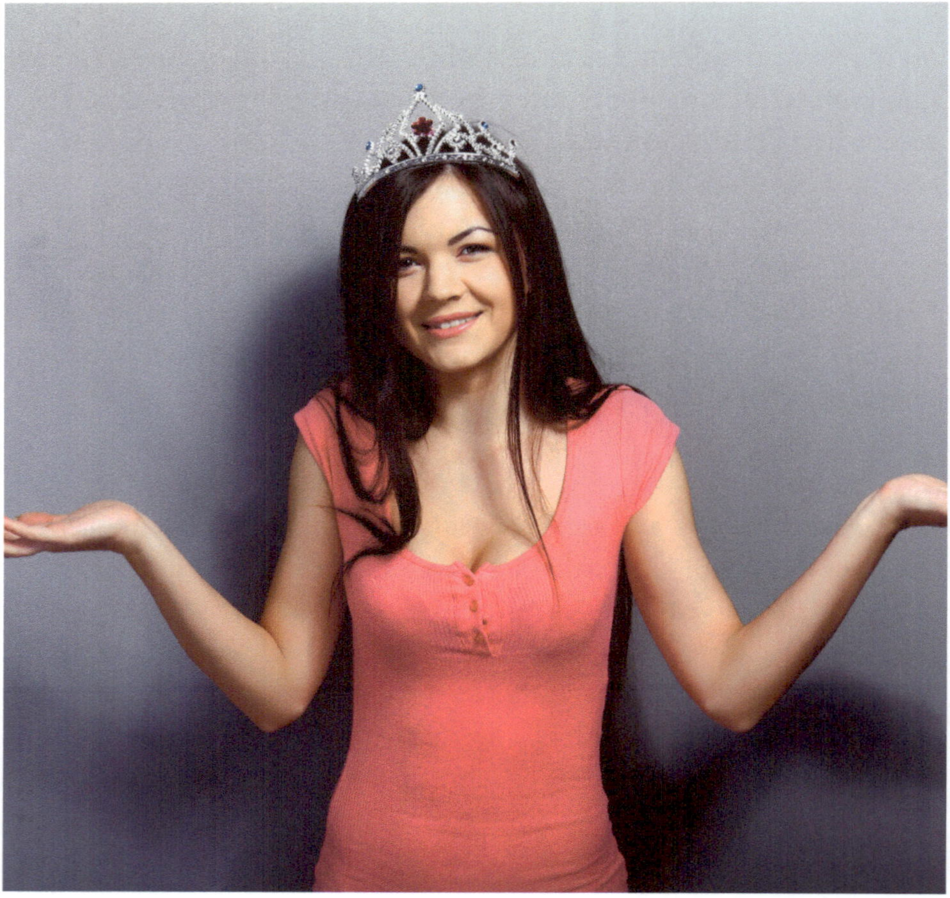

NOSSAS IDEIAS SOBRE SUCESSO

Chegou o momento prometido de falarmos sobre sucesso! Sucesso é uma das coisas que as pessoas mais buscam profissionalmente, em todas as culturas do mundo! Mas, mesmo com tanta gente atrás dele, ninguém sabe explicar direito o que é sucesso! Você consegue pensar em uma definição?

Existe um exercício que é muito interessante: experimente perguntar para as pessoas da sua família o que é sucesso! Você vai ver que ninguém dá exatamente a mesma definição! Então mesmo em um grupo de pessoas que compartilham os mesmos valores, a ideia sobre o que é sucesso varia...

Pra alguns, sucesso pode ser ganhar muito dinheiro.

Para outros, pode ser se sentir plenamente feliz.

Para outros, se sentir realizado profissionalmente.

Para outros, conseguir equilibrar vida pessoal e profissional.

Para outros, ser conhecido por muita gente e ser facilmente reconhecido na rua.

Para outros, ter bastante tempo livre.

Para outros, fazer do mundo um lugar melhor.

Tá vendo? Dá pra pensarmos em várias definições pra sucesso. Mas porque estamos falando sobre isso? Porque a nossa sociedade enaltece a ideia de "termos sucesso", e certamente isso influencia a escolha profissional do seu filho, seja fazendo mais pressão sobre a escolha que ele vai fazer, seja o inspirando a querer dar o melhor de si para ser bem sucedido.

E como ajudar? Como sempre, a conversa é a melhor ferramenta. Conversar sobre qual é a definição que o seu filho dá para o sucesso e sobre como isso está afetando-o faz toda a diferença.

Quando somos jovens, a nossa ideia de sucesso é influenciada principalmente pela mídia e, por isso mesmo, muitos jovens relacionam a ideia de "sucesso" diretamente com a ideia de "fama". Isso reduz os horizontes deles pra pensar, por exemplo, que sucesso pode ser conseguir transformar a vida das outras pessoas ou então sentir paz no seu trabalho.

Muitos jovens, inclusive, se sentem mais pressionados a causar admiração nas outras pessoas do que a procurarem por algo que realmente os realize, e, a longo prazo, isso pode ser muito prejudicial, porque podem ter se dedicado a algo que não traz felicidade, mas que também não parece provocar nenhuma reação grandiosa nas outras pessoas.

Ajudar o jovem a entender que tipo de sucesso ele busca também o ajuda a perceber quais valores estão guiando a escolha profissional dele. Aqui vão algumas possíveis interpretações para a ideia de sucesso, que você pode discutir com o seu filho para ajudá-lo a descobrir o que ele está buscando:

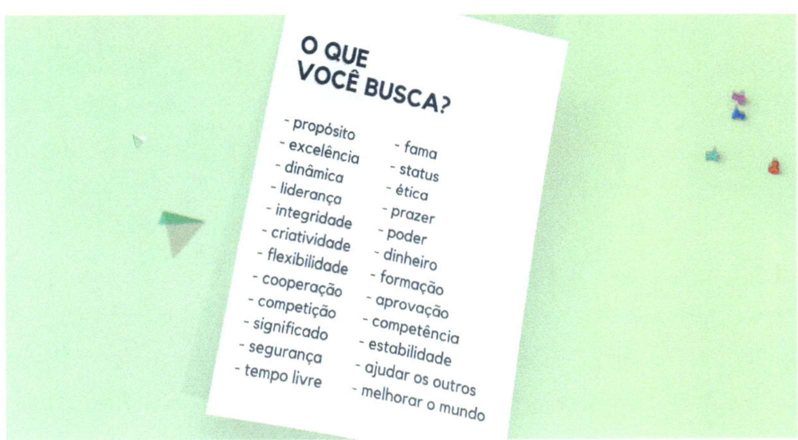

Pode ser, inclusive, que o seu filho ainda não saiba exatamente o que é sucesso pra ele, e isso pode até ser um dos fatores que dificultam a escolha de um curso ou profissão. Acontece que o fato de estimulá-lo a pensar sobre o que ele espera alcançar com o trabalho é um motorzinho, que acaba dando movimento pra várias outras reflexões como:

- Que tipo de profissional eu quero ser?
- Em quem eu quero me inspirar como profissional?
- Como eu espero me sentir com o meu trabalho?
- Em que tipos de ambiente eu gostaria de trabalhar?
- Quero trabalhar com outras pessoas ou fazer atividades mais individuais?
- Quais áreas do conhecimento chamam a minha atenção?
- Como eu gostaria que fosse a minha rotina de trabalho?

Colocar o seu filho pra pensar talvez seja a melhor forma de ajudá-lo em todo esse processo de escolha, porque escolhas bem pensadas trazem mais sentido e relevância para o trabalho que vai ser feito por ele no futuro. E como pensar é algo muito trabalhoso, muita gente foge dessa tarefa, porque escolher sem pensar muito parece ser a saída mais indolor. Mas e o preço a médio e longo prazo, quando se percebe que a profissão não está atendendo às necessidades pessoais? Isso é muito frustrante, e, lá na frente, pode levar o jovem a ter aquela compreensão tão dura: **"Eu devia ter pensado melhor antes de tomar a decisão de vir por esse caminho"**.

Quando o jovem consegue identificar que tipo de sucesso ele almeja, ele pode investigar melhor se aquela profissão que o interessa vai trazer esse tipo de sucesso. Por exemplo: **"Hmmm... Eu espero ter um dia-a-dia bem dinâmico na minha profissão. Será que sendo médico veterinário vou ter um dia-a-dia dinâmico? Como é a rotina de alguém dessa área? Será que alguma especialidade da medicina veterinária é mais dinâmica que as outras?"**. Viu só? Esse exercício de ir expandindo a reflexão é riquíssimo.

Pra encerrar, precisamos lembrar um último ponto. A ideia de sucesso não é fixa pra ninguém, isto é, conforme vamos tendo novas experiências e avaliando cada uma delas, podemos ir mudando a nossa percepção sobre o que é sucesso, e isso vai se refletir na nossa busca profissional. Por isso, buscarmos perceber o que consideramos como sucesso em cada fase da nossa vida é um autoconhecimento muito poderoso, que vai sempre nos ajudar a alinhar o nosso caminho profissional pra atender melhor as nossas necessidades.

Equipe Viae

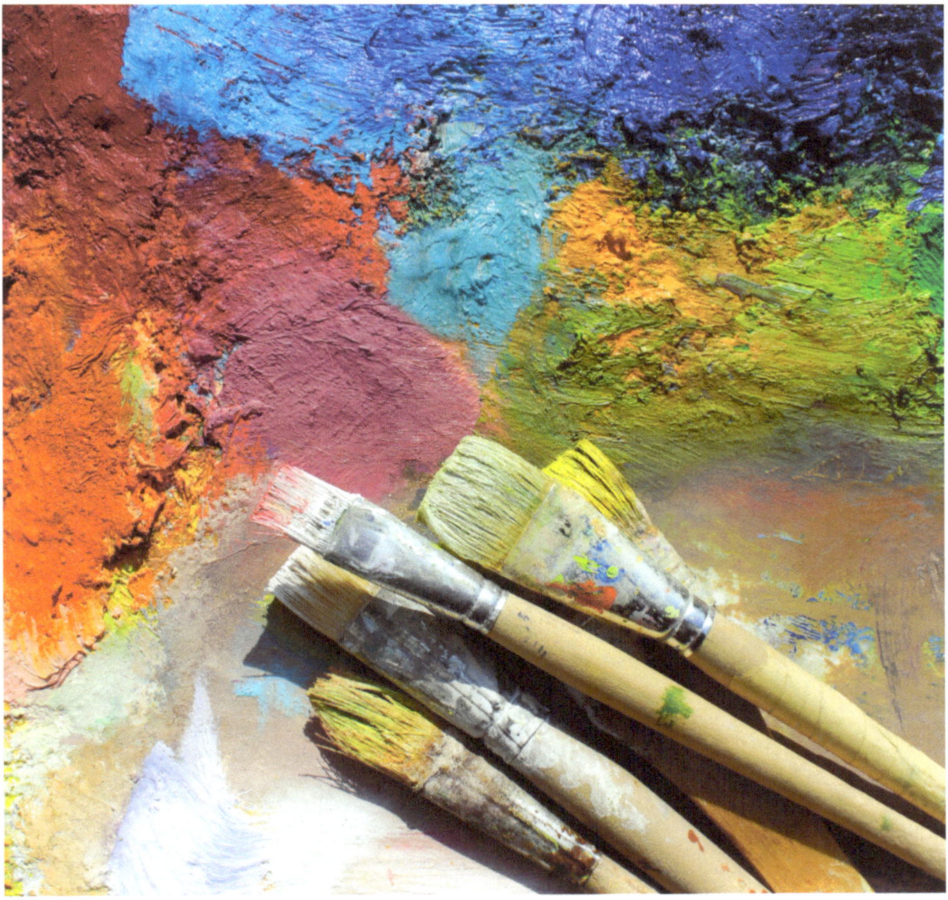

COMO FALAR SOBRE ESCOLHAS PROFISSIONAIS COM SEUS FILHOS

\- 6 -

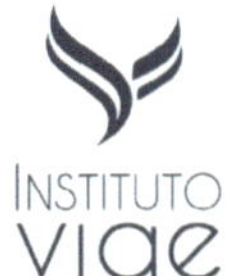

COMO DESCOBRIR HABILIDADES E GOSTOS

INSTITUTO VIAE

Uma das coisas mais importantes quando vamos escolher o nosso trabalho é pensar sobre as coisas que gostamos de fazer. Quando nosso cotidiano profissional é recheado de atividades de que a gente gosta, sentimos muito mais disposição, mais satisfação e conexão com o nosso trabalho.

Mas antes de nos aprofundarmos nisso, precisamos deixar um lembrete importante:

Não existe um trabalho em que 100% das atividades sejam as atividades que a gente mais ama na vida. Mesmo que a gente ame o nosso trabalho, ele ainda vai nos passar raiva algumas vezes.

Dito isso, podemos prolongar a conversa... Você já deve ter percebido que é melhor pra nossa saúde mental termos um trabalho com várias atividades prazerosas do que um trabalho que só tenha coisas que a gente detesta fazer, não é? Então, pensando nisso, como o seu filho pode identificar quais são as atividades de que ele gosta? E como você pode ajudá-lo com isso?

Precisamos dizer que desde que somos bem pequenos as coisas que gostamos de fazer estavam lá nos dando sinais, mas muitos de nós nunca percebemos isso. Então você, como pai/mãe, talvez tenha algumas vantagens nessa história toda, porque é mais provável que tenha algumas lembranças sobre o seu filho que ele não tem, por exemplo: o que ele mais gostava de fazer nos primeiros anos de vida? Qual era a brincadeira preferida na infância dele? O que ele vivia pedindo pra fazer?

Algumas crianças, por exemplo, gostam de brincar de montar uma loja com os objetos da casa e fingem que estão vendendo os objetos pra alguém. Essa simples brincadeira já pode ser um indicativo de que essas crianças têm uma conexão com situações de venda, de negociação ou até de organização e categorização. Ou seja, todas essas atividades parecem ter o potencial de serem importantes e agradáveis pra essas crianças.

Mas o que exatamente precisa ser lembrado? Pra facilitar a vida de todo mundo, fizemos uma lista de exercícios que você pode fazer com o seu filho pra ajudá-lo a identificar atividades que são agradáveis pra ele:

1# Listar quais coisas ele mais gostava de fazer quando era criança.

2# Listar quais atividades no dia-a-dia atual dele fazem o coração dele vibrar.

3# Pensar como seria um dia do trabalho dos sonhos dele, mesmo que seja um trabalho meio fantasioso.

Uma forma de incentivá-lo a pensar isso: "Se você pudesse ter qualquer trabalho do mundo, qual seria ele? Controlar a trajetória de uma nave alienígena super tecnológica? Voar sobre a cidade pra ver que partes precisam ser melhoradas? Deixe o seu filho usar a imaginação pra criar o trabalho dos sonhos dele, pode viajar na maionese. Depois observe as características desse trabalho que ele pensou e vocês poderão perceber muitas coisas... "Hmmmm, então você quer controlar algo... talvez em algum meio de transporte... e que tenha tecnologia envolvida... Interessante... Quais profissões têm essas possibilidades?".

4# Listar coisas que ele está com saudade de fazer.

5# Listar coisas que ele faz quando está enrolando pra fazer algo meio chato.

6# Incentivá-lo a experimentar alguma nova atividade que ele sempre disse que tem vontade de fazer.

Listadas as atividades que são agradáveis pro seu filho, também pode ser bem útil que vocês pensem juntos em quais habilidades ele tem. Isto é, em quais atividades e situações ele é bom ou demonstra interesse. E, pra isso, existem esses outros exercícios que podem ajudar:

7# Listar com o seu filho quais são as 5 características que melhor o definem.

8# Listar com ele quais são os 5 pontos mais fortes dele.

9# Listar quais são os 5 filmes ou livros preferidos dele e explorar sobre o que tratam essas obras.

Como é o universo das histórias? Quais são os personagens preferidos dele? Por quê ele gosta mais desses personagens?

10# Listar quais são os assuntos sobre os quais o seu filho vive pesquisando e querendo saber mais.

Levantar as atividades que agradam o seu filho, bem como as habilidades e interesses dele vai ajudar a mapear profissões que são mais próximas desses assuntos e atividades. Mas, sabe, nem sempre o encaixe perfeito se dá entre as atividades que são importantes pra nós e a nossa profissão. Às vezes, faz mais sentido pra gente encaixar essas atividades em um hobby que vamos ter, e que vai servir pra trazer relaxamento pra nossa vida e até nos descansar do trabalho.

Independente disso, todos esses exercícios são muito valiosos pra aumentar o nosso autoconhecimento, e, quando temos mais autoconhecimento, também temos mais autonomia pra fazer nossas escolhas e avaliá-las de tempos em tempos.

Então já entendeu a importância de fazer esses exercícios com o seu filho, né? Sem contar que vocês podem passar momentos prazerosos enquanto pensam sobre tudo isso juntos!

No próximo capítulo, vamos falar sobre os outros fatores que o seu filho precisa observar na hora de fazer uma escolha profissional e, claro, sobre como você pode ajudá-lo nessa jornada.

Até breve,
Equipe Viae

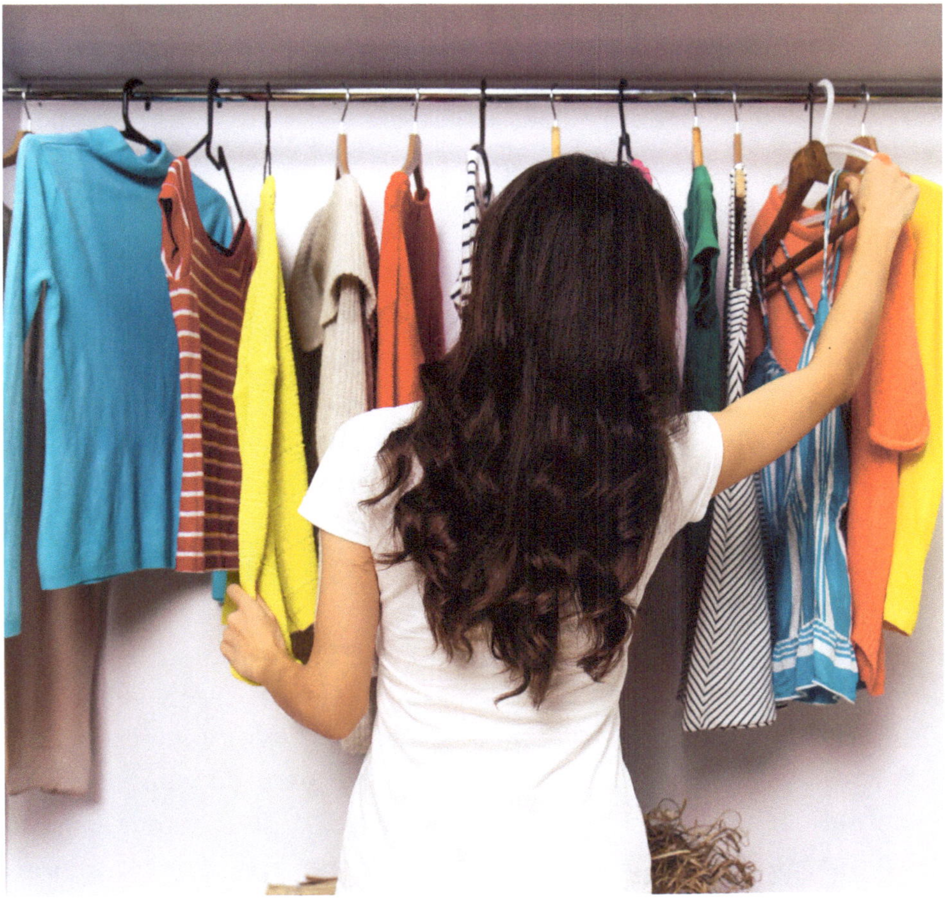

COMO FALAR SOBRE ESCOLHAS PROFISSIONAIS COM SEUS FILHOS

- 7 -

CRITÉRIOS DE ESCOLHA

INSTITUTO VIAE

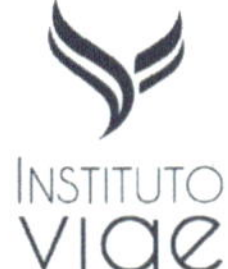

Imagine que você precisa de uma nova blusa de frio. Você pode entrar na primeira loja que vir e falar para a atendente: "Olá, eu preciso de uma blusa de frio". O que a atendente vai te perguntar: "De que cor? Qual estilo? Já pensou no tecido? Qual é o seu tamanho?". E se você não responder a essas perguntas, é provável que a coitada traga todas as blusas de frio da loja que parecem caber em você. O desafio vai ser avaliar cada uma delas, né? Ou você pode acabar optando por pegar qualquer uma e levar pra casa, mas aí corre o risco de usar a blusa e perceber alguns problemas: ela não esquenta muito, o tecido estraga na primeira lavagem, ela não combina com as suas outras peças de roupas.

Agora imagine outra situação. Você precisa de uma nova blusa de frio, mas antes de ir à loja você observa quais blusas você já possui, que tipo de tecido você gosta, que cor vai funcionar melhor com as suas outras peças e que loja vai ter os produtos que você gosta. Aí você vai até uma loja mais adequada e explica pra atendente: "Olá, eu preciso de uma jaqueta de couro, preta, tamanho M". Talvez a atendente traga alguns modelos de jaquetas de couro preto diferentes, e pode até te mostrar um modelo de couro marrom, ou de camurça preto, mas a busca pela blusa de frio perfeita vai ser muito mais assertiva, concorda?

Pensar sobre a cor, o tamanho, o tecido, o estilo e o preço da blusa que você quer comprar é pensar nos seus **CRITÉRIOS DE ESCOLHA**. São essas características que você vai avaliar pra pensar se a blusa de frio apresentada atende as suas necessidades.

O mesmo acontece quando vamos escolher uma profissão: precisamos pensar nos nossos CRITÉRIOS DE ESCOLHA. E você pode ajudar os seus filhos a pensarem nos critérios deles! Mas já que profissões não tem cores, tamanhos, nem tecidos, que tipo de coisas você pode ajudar seu filho a avaliar?

- **Quais são os TEMAS que chamam a atenção dele**
Exemplo: leis, saúde, ferramentas, esportes, moda, política, imóveis, flores, etc.

- **Quais são as ATIVIDADES que ele gostaria de fazer**
Exemplo: negociar, organizar, bordar, pesquisar, esculpir, vender, consertar, ensinar, etc.

- **Quais são os AMBIENTES em que ele gostaria de trabalhar**
Exemplo: indústrias, lojas, escritórios, bares, laboratórios, hospitais, zoológicos, etc.

- **Que tipo de ROTINA ele gostaria de ter**
Exemplo: horários fixos, horários flexíveis, apenas meio-período, viajar com frequência, trabalhar no fim de semana, etc.

- **Que tipo de RETORNOS ele espera receber do trabalho**
Exemplo: prazer, conhecimento, aventura, ajudar as pessoas, status, superação pessoal, conquistar promoções, etc.

Sabendo quais são os **CRITÉRIOS DE ESCOLHA** do seu filho, fica muito mais fácil olhar pras profissões disponíveis no mercado e dizer: "Olá, eu preciso de uma profissão que trabalhe com microorganismos, em que eu possa pesquisar e ensinar em laboratórios ou hospitais com horários fixos, e que me traga autossatisfação e aprendizagem. Quais de vocês conseguem atender as minhas necessidades?".

É claro que não existe uma loja em que a gente entre pra pedir uma profissão. Então qual é a forma de saber quais são as profissões que correspondem a essas necessidades do seu filho? Pesquisando, e pesquisando muuuuito! E pra ajudar nessas pesquisas, aqui vão algumas recomendações:

2# O QUE PESQUISAR SOBRE PROFISSÕES?

- ambiente de trabalho
- rotina de trabalho
- atividades do trabalho
- remuneração (em diversos momentos da carreira)
- outros tipos retornos

3# ONDE PESQUISAR SOBRE CURSOS E PROFISSÕES?

- Google
- YouTube
- Painel de Profissões do Instituto Viae
- Visitando universidades
- Visitando empresas
- Conversando com pessoas (família, amigos, professores, desconhecidos que parecem bons de papo)

4# O QUE PERGUNTAR PRA UM ESTUDANTE QUE JÁ TÁ FAZENDO UM CURSO QUE INTERESSA AO SEU FILHO OU PRA UM PROFISSIONAL QUE JÁ TÁ NO MERCADO?

- Como é a sua semana?
- Em que momentos sente realização?
- Como são os seus colegas?
- Quem você admira lá e por quê?
- Sua experiência mudou com o tempo?
- Quando você está de férias, sente falta?
- O que te deixa ansioso lá?
- Quando sente que teve um sucesso?
- Qual foi a sua maior surpresa nessa área?
- O que te deixou decepcionado nessa área?
- O que te inspira nessa área?

5# O QUE SEU FILHO PRECISA REFLETIR QUANDO ENCONTRAR UM PROFISSIONAL QUE O INSPIRA?

- O que eu admiro no trabalho dele? (A trajetória profissional, as atividades que ele faz, o reconhecimento que recebe ou outra coisa?)
- Eu admiro o profissional que ele é ou o ser humano que ele é?
- Eu quero ir pelo mesmo caminho que ele foi ou o que eu quero mesmo é aprender com as qualidades dele pra aplicar em outras coisas que eu vou fazer?

Pra um jovem que tá saindo do Ensino Médio pode ser bem difícil coletar e avaliar todas essas informações, e é por isso que o acompanhamento dos pais é tão importante nessa missão de detetive! Acredite: você pode fazer toda a diferença na avaliação que o seu filho vai fazer sobre as necessidades dele e sobre as profissões que podem atender a essas necessidades.

Mas, claro, se precisarem de ajuda, contem com os nossos psicólogos também!

Até a próxima!
Equipe Viae

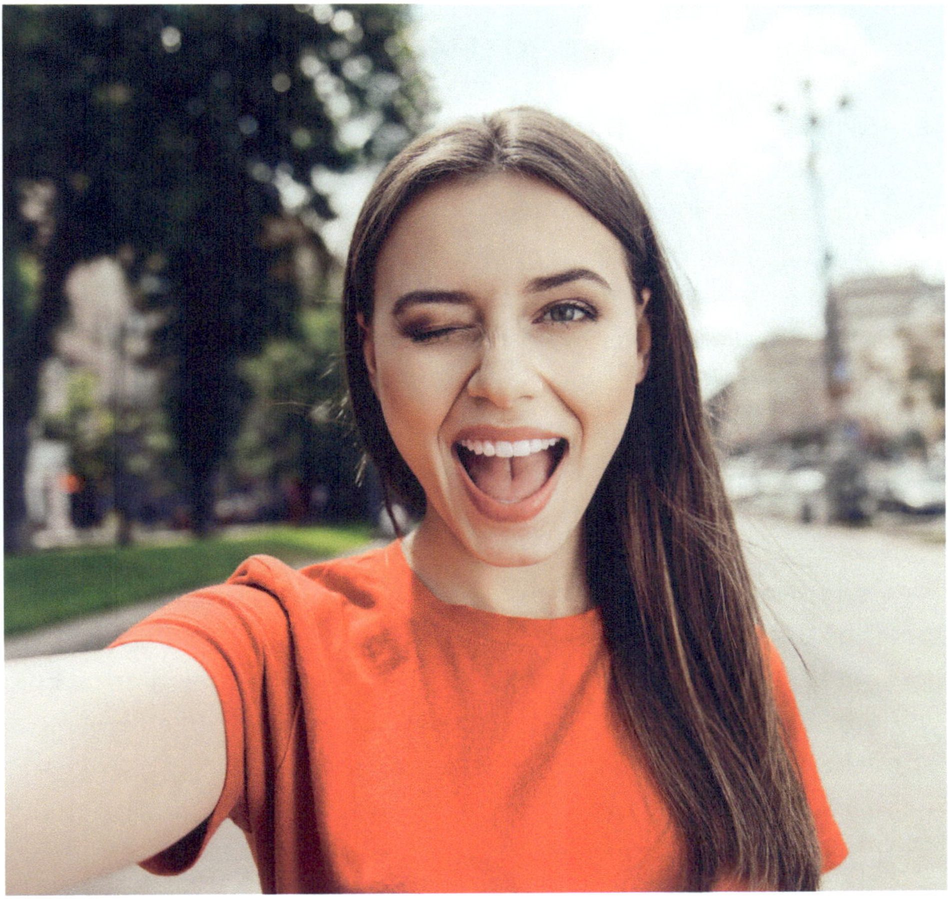

- 8 -

NÃO EXISTEM PROFISSÕES PIORES OU MELHORES

Você está preparado(a) pra uma papo difícil? Então vamos lá!

É possível que seu filho tenha algumas profissões em mente desde criança. Quais profissões ele falava que queria seguir quando era pequenininho? Quais são as profissões que você já observou que chamam a atenção dele?

Com o passar dos anos, algumas delas podem ter se mantido e outras podem ter sido totalmente descartadas. E você sabe qual é um dos grandes motivos para as pessoas descartarem algumas profissões que chama a atenção? O preconceito que essas profissões sofrem.

Imagine a cena... Uma criança que vai no supermercado com os pais observa atentamente o funcionário que fica no caixa, passando os preços dos produtos e pegando o pagamento dos clientes. Aí ela sai do estabelecimento com os pais, dizendo: "Meu sonho é ser aquela pessoa que passa os produtos!". Os pais caem na gargalhada e perguntam o motivo. A criança responde: "Porque é ela que controla a esteira rolante!". Uau! Quem diria que o que ia encantar a criança naquele trabalho era a esteira onde os produtos são colocados, hein? Mas crianças têm dessas coisas mesmo... são observadoras e são fisgadas pelos detalhes.

É claro que esse desejo por trabalhar com o "controle de uma máquina" pode levar essa criança pra várias profissões, até bem distantes de atendente de supermercado. Mas o grande problema é tudo o que ela ouve falar sobre aquele funcionário... Os pais zombam: "Nossa, filho, mas controlar aquela esteira não é tão divertido assim... Você vai ter um trabalho muito melhor. Você tem que querer uma profissão que dê dinheiro! Aquelas pessoas ali não gostam do trabalho delas...".

E depois, ao longo da vida, essa criança continua ouvindo mais críticas aos funcionários de supermercados, que são uns "coitados". Depois sobre os servidores públicos, que são uns "folgados". Depois sobre quem se dedica à música, que são uns "perdidos na vida". E depois sobre outra profissão. E sobre outra profissão... E sobre outra profissão...

Na verdade, ouvimos falar bem de pouquíssimas carreiras enquanto estamos crescendo. E isso vai matando alguns dos nossos sonhos profissionais! Além disso, as críticas preconceituosas vão nos ensinando a ser preconceituosos também, e começamos a generalizar algumas carreiras e profissionais, como se todo mundo naquela profissão fosse de determinado jeito.

E esse tipo de preconceito não é legal pra ninguém.

Você já reparou em como as pessoas diminuem alguns cursos/trabalhos/carreiras como se eles não tivessem tanta importância na sociedade (ex: Artes)? Ou como se fossem coisa de gente preguiçosa (ex: História)? Ou de gente que não sabe o que fazer (ex: Administração)?

Muito diferente de quem faz Medicina, né? É claro que os médicos são muito importantes e fazem um trabalho difícil, lidando com perdas e momentos de tensão com frequência. Mas quando foi que Medicina se tornou "A PROFISSÃO", deixando todas as outras no chinelo?

Na verdade, nós sabemos quando. E vamos te contar.

Quando a família real portuguesa chegou no Brasil, foram fundadas as nossas primeiras faculdades (escolas de Ensino Superior). E os primeiros cursos foram justamente de Medicina. Então esse é o curso mais antigo do nosso país! (Mas não a profissão mais antiga, claro...).

E como quem ia pro Ensino Superior era visto com mais prestígio, advinha! Quem fazia Medicina era visto com mais prestígio. E isso veio se repetindo até os dias de hoje. É algo que se espalhou pros cursos mais antigos e tradicionais do país também, como Engenharia e Direito. E acaba que esses três são cursos que quase todos os jovens do país, pelo menos uma vez na vida, ainda pensam em seguir.

O grande problema é que essa distância que é criada entre as profissões gera problemas pra todos os envolvidos:

Quem não faz esses cursos tradicionais fica se sentindo menos, condenado a se esforçar 2x mais, pra mostrar que é um bom profissional.

E quem faz esses cursos tradicionais fica com uma grande responsabilidade nas costas, porque recebe muitas expectativas de todos.

E isso não faz sentido, né? Mantermos esse desequilíbrio que ao invés de ajudar, só atrapalha! Precisamos parar já com essa LOUCURA, porque não existem profissões piores ou melhores.

Absolutamente todas as profissões são importantes pra sociedade. Essa é a verdade. E você pode ser uma das pessoas a nos ajudar a quebrar esse ciclo de preconceitos! Mostrar pro seu filho que você valoriza todas as profissões igualmente e que ele também pode valorizá-las faz toda a diferença na forma como ele vai lidar com a escolha profissional. Essa pode ser uma preocupação a menos com que ele vai ter que lidar nesse processo de escolha. E mais: vai fazer toda a diferença pra pessoa que ele vai se tornar, muito mais respeitosa e compreensiva com os outros.

Sabemos que o preconceito com algumas profissões é cultural, algo que ouvimos desde o início das nossas vidas, então é difícil lutar contra isso. Mas apesar de ser difícil, é possível. E, claro, colabora pra termos relações melhores com os outros.

A partir de agora, não dê ouvido para a grande valorização ou grande desvalorização de algumas carreiras. O que realmente importa é cada pessoa se sentir realizada DE VERDADE com o que faz, porque, assim, seremos os melhores profissionais que pudermos ser e vamos apreciar nosso trabalho.

Pense nisso quando ficar com vontade de torcer o nariz pra alguma profissão.

Nos falamos em breve!
Equipe Viae

FALANDO SOBRE AS ESCOLHAS DOS AMIGOS

INSTITUTO
viae

Existe um fator na vida dos jovens que pode acabar fazendo uma pressão adicional mesmo que os pais não percebam: as formas como os AMIGOS do jovem estão lidando com a escolha profissional.

Imagine que seu filho já esteja seguro com relação ao caminho que quer seguir, mas ao ir pra escola ou encontrar os colegas, ele comece a ouvir falas assim: "Nossa, é impossível escolher a profissão", "Nunca dá pra sentir segurança", "Eu sinto que não vou gostar de nada que eu fizer profissionalmente", "Que saco ter que escolher".

Se o seu filho estiver bem consciente dos motivos que o levaram a sua própria decisão, ele pode ter facilidade de compreender que essa é a forma como os AMIGOS se sentem. Mas se ele ainda estiver com pulgas atrás da orelha, pode ouvir isso como uma verdade universal e se ver envolvido no problema.

Agora imagine outra situação. Imagine que seu filho ainda tem algumas dúvidas sobre a profissão que está pensando em seguir e ouve os amigos dizendo: "Foi muito fácil escolher", "Eu sempre soube o que eu queria ser", "Já tô muito seguro com a profissão que eu escolhi". O que ele pode sentir? Isso mesmo, que ele é pior do que os outros, porque não se sente confiante dessa forma.

É por isso que é importante conversar sobre esse tema com os filhos também. Ajudá-lo a diferenciar o que é a experiência de um amigo e o que é a experiência dele próprio. Isso pode fazer toda a diferença pra ajudá-lo a lidar com os sentimentos.

Inclusive, aqui vale um alerta: alguns jovens têm tanto medo de viver essa situação de comparação com os colegas que até EVITAM conversar sobre isso com os amigos. Não contam sobre as profissões que estão pensando em seguir, nem ficam perguntando sobre as escolhas dos outros.

É por isso que é tão comum os pais perguntarem sobre a escolha dos amigos, e os filhos darem respostas meio evasivas, do tipo: "Ah, mãe, não sei. Sei lá, pai. A gente não conversa sobre isso. Não sei o que a Maria escolheu de curso. Eu não falo sobre profissão com o João."

Essa é uma forma de se defender da pressão e da comparação, e isso não precisa ser visto de forma ruim, tá? Se você percebe que esse é o caso do seu filho, você pode demonstrar que não tem problema ele evitar esse tipo de conversa com os amigos, mas que ele pode se sentir seguro pra falar disso com você, porque você vai acolher as reflexões dele.

Mas, em geral, não dá pra fugir muito desse assunto na escola. Uma hora ou outra vai ter um grupo falando sobre isso no corredor ou um professor vai tocar no assunto em sala de aula. Nessas horas, pode ser prejudicial se o seu filho se fechar no casco como uma tartaruga pra evitar ouvir o papo. Pode ser saudável que ele ouça diferentes pontos de vista, e até como a escolha profissional é compreendida naquele ambiente de que ele faz parte.

Se ele conseguir ouvir isso e conseguir refletir de forma crítica sobre os comentários, melhor. Por exemplo: "Isso é o que meus colegas e professores pensam sobre a escolha profissional. Legal. Mas isso não precisa ser o que eu penso sobre a escolha profissional".

Saber que ele pode ter sua própria opinião e que ele pode valorizar a sua própria experiência pode ser libertador para o seu filho. E você pode ajudá-lo a descobrir isso.

No próximo capítulo vamos falar mais sobre a influência dos professores.

Até lá!
Equipe Viae

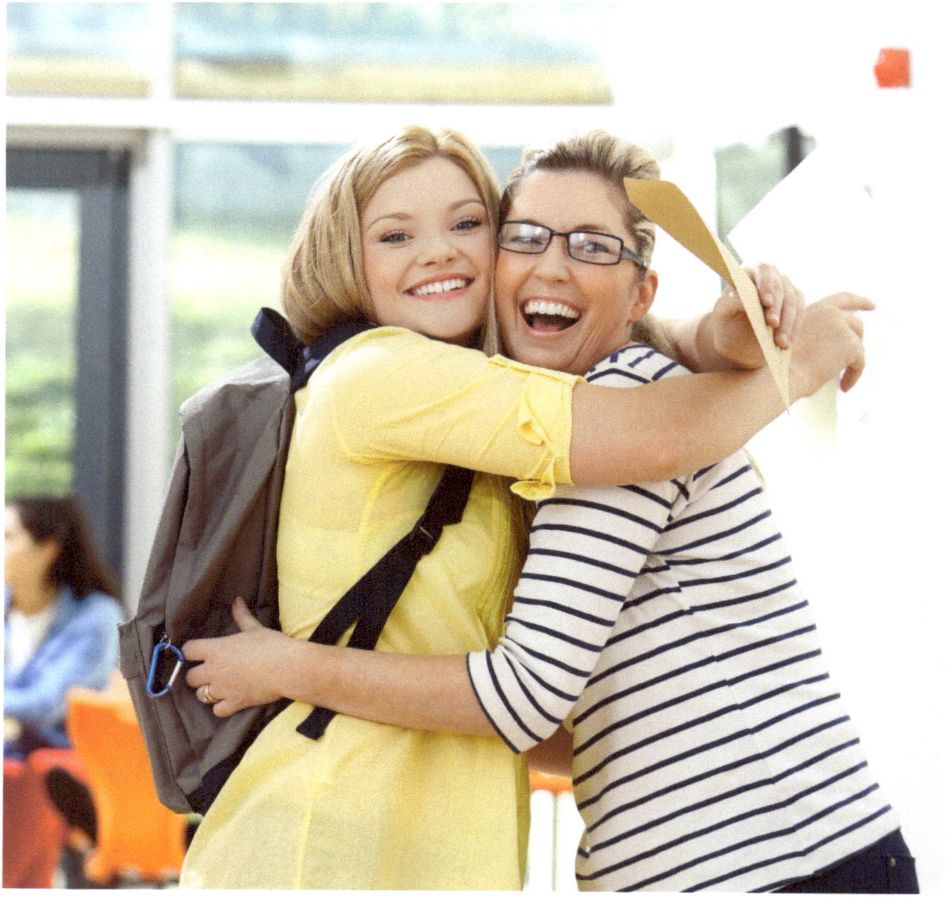

A INFLUÊNCIA DOS PROFESSORES

Você se lembra de algum professor que você teve na escola? Antes de batermos esse papo sobre professores, seria até bem legal se você fizesse um esforço pra se lembrar porque alguns dos seus professores te marcaram...

Prof. __________
Me marcou porque ____________

Prof. __________
Me marcou porque ____________

Prof. __________
Me marcou porque ____________

Professores são figuras muito importantes na nossa vida, e é super comum nos lembrarmos de algum deles, seja por um fala que tiveram ou por um gesto que nos marcou. Acontece que durante grande parte da nossa vida, enquanto estamos na escola, temos contato contínuo com esses adultos – alguns estudantes têm até mais contato com os professores do que com os pais – e a forma de agir deles vai nos ensinando a agir no mundo também.

Uma vez ouvimos de uma aluna de cursinho pré-vestibular: "Eu quero fazer Geografia". E perguntamos: "Ah, que legal, por quê?".

Ao que ela respondeu: "Porque eu tinha uma professora de Geografia na escola que era ótima! Ela era super comunicativa, conversava com todos os alunos, tava de olho no que acontecia com cada um". O que encantava a jovem não era o trabalho da professora como geógrafa, e sim o jeito como ela se relacionava com as pessoas, percebe? E a jovem acreditava que pra ser comunicativa também, precisava se tornar geógrafa.

Nós vemos muitos casos assim entre os jovens: de identificação com os professores e consequente desejo de seguir a mesma profissão deles (ou uma área parecida). Muitas vezes, os professores nem sabem que esse processo de identificação está acontecendo, porque nem sempre os alunos contam pra eles. Mas os pais podem perceber isso, principalmente se tiverem o canal de diálogo já aberto com os filhos.

Perguntar quais professores encantam o filho pode ser um bom caminho. Mas o próximo passo é ajudá-lo a diferenciar se o que encanta é a forma como o professor se comporta nas situações ou se é a área do conhecimento que ele ensina.

É importante diferenciar também que a atuação em uma escola é bem específica. Um aluno que quer estudar Química pra trabalhar em laboratórios precisa se dar conta que a rotina dele como profissional vai ser bem diferente da rotina do professor que dá aulas de Química na escola – mas muitos jovens não percebem isso logo de cara.

Outra coisa que é super comum é que os jovens perguntem para os professores como eles fizeram as suas escolhas profissionais no passado. Isso faz todo o sentindo, já que os jovens estão em busca de aprender como é que se faz escolhas na sociedade.

E além de tirarem suas dúvidas sobre trabalho com os professores, é super válido que os jovens tirem dúvidas com profissionais que já estão trabalhando pra saber como é o mercado de trabalho. Os professores costumam ser os profissionais a que os jovens têm mais fácil acesso, mas você também pode incentivar seu filho a conversar com outras pessoas que já trabalham, como os seus próprios amigos. (Mas tomando o cuidado pra essa conversa esclarecer dúvidas, e não impor caminhos profissionais).

É claro que a experiência dos professores pode trazer muitos insights para os alunos fazerem suas próprias escolhas, mas é preciso deixar claro que o contexto em que cada professor fez a sua escolha era diferente do contexto em que os jovens estão vivendo agora, e é impossível percorrer o mesmo caminho profissional que alguém já percorreu. Nunca vai ser uma experiência de CTRL+C e CTRL+V (copia e cola). Se o seu filho souber disso, ótimo. Porque aí ele não vai ficar com a expectativa de que a jornada profissional dele seja EXATAMENTE IGUAL a de alguém que o inspira.

Falando em jornada profissional, tá chegando a hora de falarmos sobre como ajudar o seu filho a construir o planejamento profissional dele. Preparado(a)?

Equipe Viae

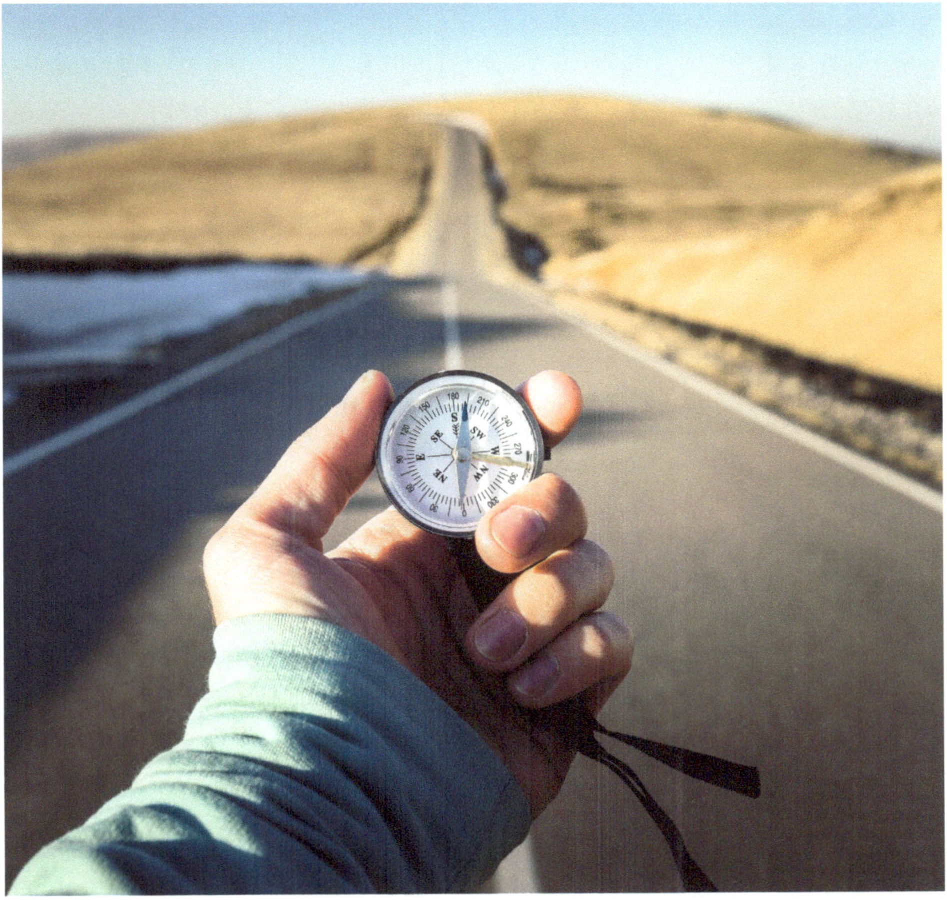

PLANEJAMENTO PROFISSIONAL

Você que já fez uma viagem já deve saber a importância de planejar a rota, né? É muito difícil chegarmos ao destino se não soubermos que estrada vamos pegar, quais atalhos existem, e qual é a previsão de chegada. Mas você também deve saber que, mesmo com planejamento, sempre acontecem imprevistos, situações que não tínhamos imaginado.

Essa ideia de viagem é perfeita pra entendermos a importância do planejamento profissional. Alguns jovens até conseguem escolher sua profissão com facilidade, mas costuma ser difícil pra todo mundo planejar a rota pra chegar em um objetivo de trabalho. E aqui você pode ajudar muito! Tanto com a sua experiência de viagem, quanto com a sua própria experiência profissional.

Um planejamento serve não pra sabermos tim-tim tudo o que vai acontecer, mas pra termos um norte. E existe até um exercício pra ser feito no papel que ajuda muito na construção desse caminho. Nós chamamos esse exercício de jornada até o baú do tesouro, e você pode ajudar seu filho a construí-lo.

O baú do tesouro é o objetivo que seu filho quer alcançar. Pode ser o ingresso em um determinado curso, pode ser a graduação na faculdade, pode ser a conquista de um estágio, pode ser o trabalho em uma certa empresa. O baú do tesouro deve ser colocado no final do papel.

Depois, é preciso escrever a situação que o seu filho está vivendo no ponto de partida, no começo da folha. O ponto de partida pode ser o encerramento do Ensino Médio, por exemplo.

Depois é preciso traçar uma linha do ponto de partida até o baú do tesouro, e o ideal é que essa linha não seja reta. Afinal, o percurso profissional é cheio de curvas. Esse percurso precisa ser dividido em partes, porque o seu filho vai viver ele em etapas. Então é importante pensar: quais são as etapas pra ir do ponto de partida até o baú? Isso se parece com a subida de uma escada... pra chegar no topo, precisamos passar pelos degraus.

É legal se os degraus forem escritos na sequência correta, por exemplo: estudar > pesquisar mais sobre a profissão > escolher uma faculdade > ler o edital do processo seletivo > focar os estudos nesse processo seletivo > fazer o processo seletivo > aguardar o resultado. Esse é só um exemplo pra um jovem que colocou o ingresso no curso como o baú do tesouro, tá? As etapas da jornada vão ser diferentes pra cada baú e pra cada jovem.

Dois pontos que são super importantes:

1# É legal se você puder ajudar o seu filho a pensar em um Plano B. Isto é, caso o baú dele seja "quero ser aprovado em Fisioterapia no final desse ano" e a nota dele não for suficiente, qual poderia ser o Plano B? Esticar um pouco mais o prazo para alcançar o baú? Colocar mais etapas intermediárias que o ajudem a se preparar pra esse desafio? Vocês vão precisar avaliar dentro da realidade de vocês.

Fazer um Plano B não significa desacreditar no Plano A. Na verdade, temos que acreditar no Plano A pra termos forças e nos esforçarmos pra ele. A função do Plano B é de diminuir a ansiedade, porque com eles em mãos dá pra pensar: "Ok, se meu Plano A não sair como o esperado, eu não estou perdido, ainda tenho cartas na manga".

2# Depois de alcançar esse primeiro baú, o jovem vai ter outros baús pra alcançar profissionalmente, afinal, estamos sempre traçando novas metas e objetivos. É por isso que transformar esse exercício de criar um planejamento em rotina é tão importante pra nossa vida. Incentive que seu filho continue fazendo isso pra dar os próximos passos profissionais.

Ficou com alguma dúvida sobre como construir esse planejamento? Entre em contato com a gente, porque um psicólogo da nossa equipe pode ajudar!

Nos falamos em breve, pra encerrar esse ciclo de ajuda à escolha profissional do seu filho.

Até logo,
Equipe Viae

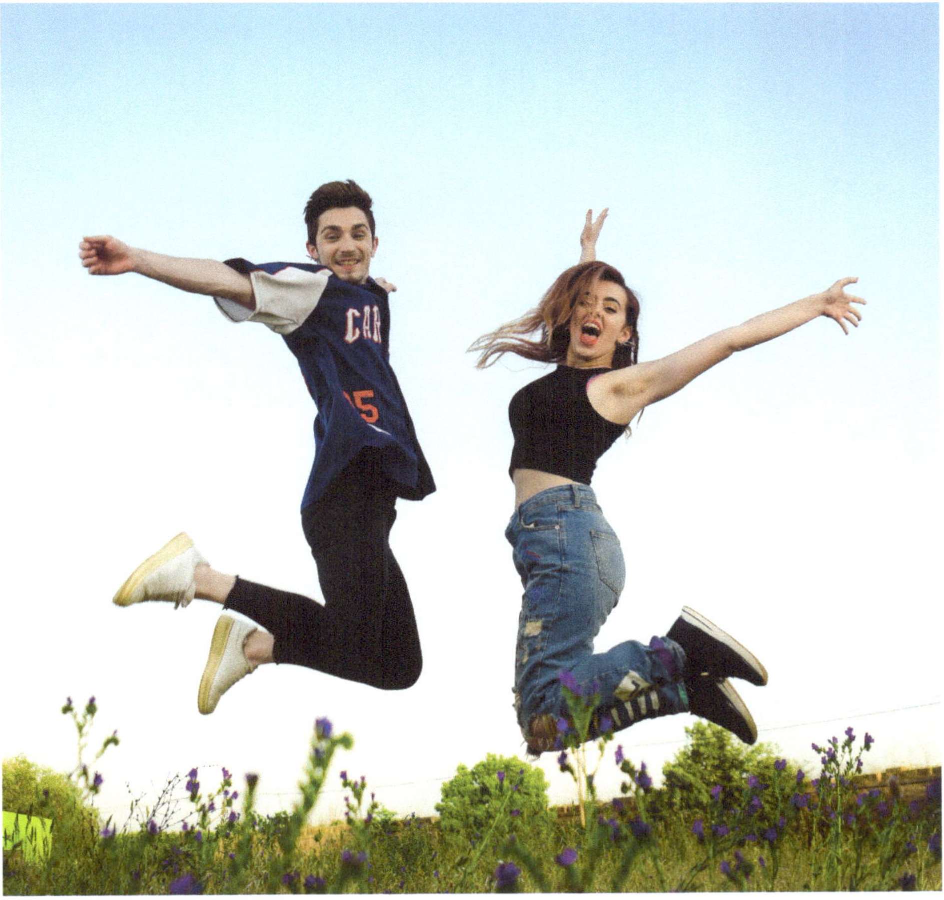

COMO FALAR SOBRE ESCOLHAS PROFISSIONAIS COM SEUS FILHOS

- 12 -

PODER MUDAR DE ESCOLHA

INSTITUTO VIAE

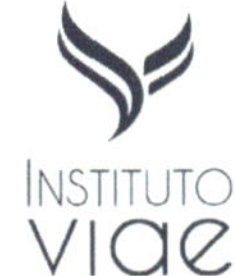

Você aproveitou a nossa jornada até aqui? Como você viu, passamos por um processo de abrir a mente, respirar fundo e enfrentar a experiência da escolha com mais leveza. Esse momento não precisa ser um voo cheio de turbulências que até parece que vai cair. Não, dá pra aproveitar a vista e se animar para o pouso!

Mas ainda não comentamos algo que realmente APAVORA os jovens: a ideia de que estão fazendo uma escolha que será para o resto da vida.

Sabe, hoje o mercado de trabalho não é mais como o de antigamente. Aquela ideia de que alguém entrará em um cargo e construirá uma carreira na mesma empresa por muitos anos está mudando até mesmo dentro das empresas. O mais comum é que tenhamos diferentes experiências de trabalho na atualidade, e que a gente transite entre elas de acordo com os nossos objetivos atuais. Mas, apesar disso, muitos pais, e até muitos jovens, ainda não perceberam essa mudança. Fazer uma escolha profissional não significa ficar acorrentado à ela. E se você ajudar o seu filho a compreender isso, você vai tirar um peso gigantesco das costas dele.

Mas pra isso, é claro, essa ideia tem que fazer sentido pra você.

Como já falamos, nós todos passamos muito tempo da nossa vida trabalhando. Então, o mínimo é que essa seja uma experiência prazerosa, né? Por isso, não faz sentido ficarmos aprisionados em uma experiência profissional que está sendo um inferno – mesmo que tenhamos escolhido ela.

Além disso, a medida que temos experiências na vida, nós começamos a pensar coisas novas, a ter desejos novos e a criar objetivos novos. Por isso, não faz sentido fincarmos o pé no chão achando que temos que ficar em um trabalho que fazia sentido para o nosso antigo eu, mas que não faz mais sentido para o nosso novo eu. As mudanças fazem parte da vida.

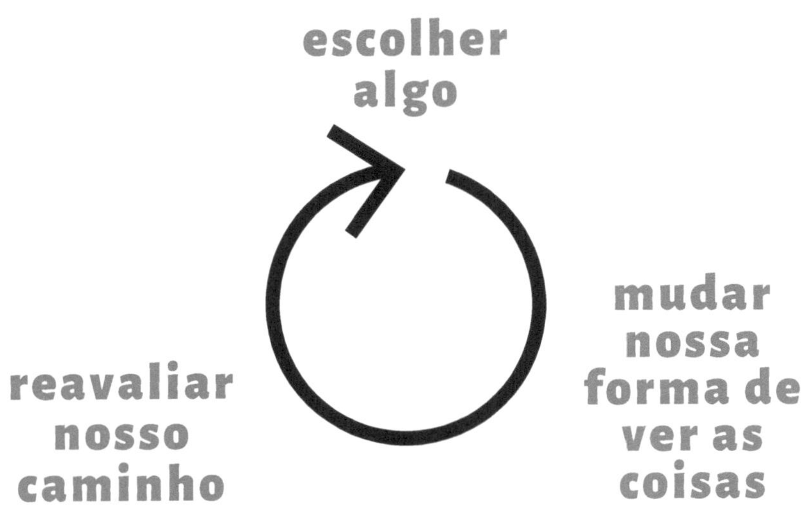

E é por isso que podemos fazer novas escolhas profissionais. Isso é completamente normal. Não é um sinal de fracasso. Não é um sinal de indecisão. E não deveria ser visto como um problema. É só mais um capítulo da vida.

Ajude o seu filho a perceber que a escolha profissional não vai ser uma sentença na vida dele. E acredite nisso, realmente acredite. Porque quando nos damos conta disso, sentimos muito mais vontade de escrever a nossa própria história e nos abrir para o novo. E essa experiência traz muitos aprendizados.

Esperamos que você tenha aproveitado essa conversa e que ela também tenha aberto espaço para o novo.

Se precisar de algo, continuaremos por aqui, sempre de portas abertas.

Foi um prazer caminhar com você(s) – com você e com o seu filho. Bons aprendizados pra vocês e muita saúde mental nos momentos de escolha!

Com um carinho imenso,
Equipe Viae

ESCOLHA UMA PROFISSÃO

Ferramentas e produtos pra escolha de um caminho
www.institutoviae.com.br/ajuda-pra-escolher-a-profissão

ESTUDE MELHOR

Ferramentas e produtos pra estudar melhor
www.institutoviae.com.br/ajuda-pra-escolher-a-profissão

CUIDE DA MENTE E DESCOMPLIQUE SUAS ESCOLHAS

Ebooks

Blog

Youtube

O Instituto Viae promove saúde mental descomplicando
escolhas profissionais. Somos uma equipe multiprofissional
que oferece antedimentos online, cursos e treinamentos,
e somos os criadores do DiretriX
- o jogo que facilita a escolha de uma profissão!

Temos muito conteúdo valioso nas redes sociais,
no Youtube, nos nossos ebooks e nesse link aqui:
https://biolinky.co/institutoviae

Também oferecemos depoimentos produzidos por estudantes e
profissionais que compartilham sua trajetória e as verdades do
cotidiano profissional lá no Painel de Profissões:
https://institutoviae.com.br

E uma calculadora incrível que te mostra se
você já tá pronto pra escolher sua carreira:
http://institutoviae.paginas.site/calculadora-escolherprofissao

 viae@institutoviae.com.br

 Conteúdo VIP do Instituto Viae

 +55 11 959 707 333

 @institutoviae

* 9 7 9 8 5 8 1 4 7 0 3 9 8 *